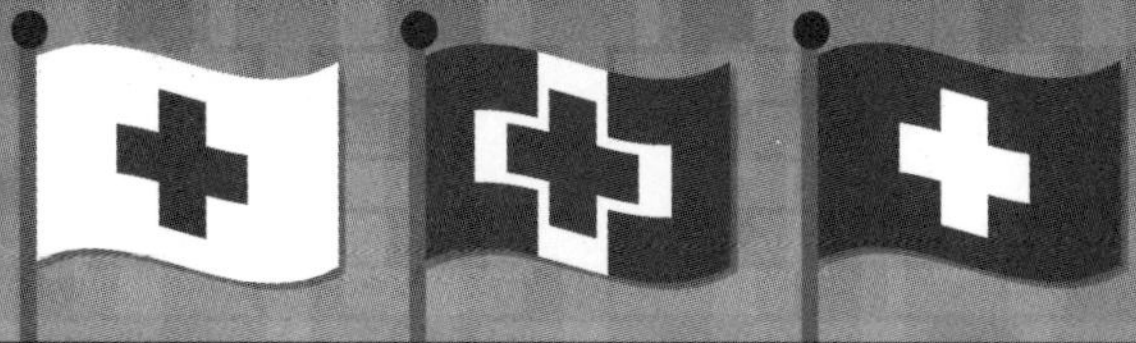

心にひびく安全心得

失敗から学ぶ安全 3

後輩・部下を持ったときに読む本

山岡 和寿 著

中央労働災害防止協会

まえがき

　この度は、『心にひびく安全心得 失敗から学ぶ安全（令和二年十月二十一日発行）』・『同２（令和四年一月二十七日発行）』に引き続き、本書の「パート３」を手にしていただき、また、貴重な時間をいただけることに改めて感謝申し上げます。

　就職すると、中災防発行の**『新入者安全衛生テキスト』**や**『社内教材』**などを教材として、講義や実地研修などの手法で関係法令が求める「雇入れ時の教育」を受講します。やがて後輩ができ、部下ができ、「お願いごとをしたりされたり」「作業指示を出したり受けたり」するようになります。当たり前に日々繰り返されるいつもの日常、ケガすることや病気になることなく働ける素晴らしさの継続手段の一つが安全確保です。

　テレビのニュース番組を観ていますと、労働災害発生のニュースも耳にします。労働災害発生の経緯などを伺っていると安全確保のキーワードが見え隠れします。パート３では主人公のＡさんが経験した労働災害（ここでは腰痛）の経緯からリストアップしたキーワードを、（コミュニケーションツール）、（安全確保ツール）、（安全確保伝達ツール）にまとめ、失敗を繰り返しながら成長していく姿を活字にしました。

　労働災害発生原因の一つにコミュニケーション不足があると言われています。Ａさんの職場ではコミュニケーションツールとして、日々行われる朝礼やＴＢＭなどで積極的な情報交換を行い、コミュニケーション不足を防止しています。

また、日々の仕事の安全確保のため、労働災害発生の経緯からキーワードとして「作業指示」「ヒヤリハット」「不安全な状態、不安全な行動」「リーダーシップ」「焦り」「指差し呼称」を〝安全確保のツール〟と題して取り上げました。

もう一点大切なことは「関係者にどのように伝えるか」です。そのキーワードとして「講演」「教育」「報告」「講義」を〝安全確保伝達ツール〟と題して取り上げました。

リストアップしたキーワードから〝働く人の命を守るための活動〟の課題が見えることがあります。本書は、後輩ができ、部下を持つようになったとき読む本として、日々の活動に加えていただければ幸いです。

詳細は本文をご覧下さい。　「ご安全に！」

二〇二三年一月

山岡和寿

目次

1　はじめに

ある労働災害から……

ここは、某市にある〝**安全衛生**（11ページ）〟に熱心な従業員二十五名の○○事業所の事務所。その日は朝から雨が降っていましたが、いつも通りの全体〝**朝礼**（12ページ）〟が、事業所長指示、総務課長からの事務連絡、輪番制の三分間スピーチ、その後四つの課に分かれての〝**TBM（ツールボックスミーティング）**（12ページ）〟の流れで午前八時に始まりました。

配送検査課で係長のAさんには四人の部下（係長補佐のBさん、Cさん、Dさん、Eさん）がいます。Aさんは朝礼時、手帳に所長〝**指示**（18ページ）〟、〝**ヒヤリハット**（19ページ）〟報告などをメモしましたが、その一時間半後、まさか自分が労働災害に遭おうとは……。

さかのぼること約十六時間、納品帰りの車の中でカーラジオから「……明日は前線の接近で、所によっては朝から雨が……」

「どうする明日は三十分早く出ようか？」

「係長、私がいつも走っている裏道を使えば早く出なくても多分大丈夫です」

「Eさん、〝多分〟ではだめだよ。Bさんどう思う？」

「私は今運転しているので……帰ってから……」

「わかった、わかった。帰ってどうするかを決めよう……」

Aさんは、

「ヒヤリハットや労働災害は〝**不安全な状態と不安全な行動**（20ページ）〟の接触で発生……、こんな時〝**リーダーシップ**（28ページ）〟を発揮しなければ……」

と独り言。

帰社後、話し合いを持ち、三十分早く出るため、BさんとEさんに

「出発前に行う積み込み準備作業を今日のうちに済ませてほしい」

と指示を出しました。

翌日、天気予報は当たりました。朝礼後のTBMで作業指示書をもとに、一緒に行動する二人の部下（係長補佐のBさんとEさん）に

「本日の運転はEさん、雨で渋滞が予想されるので、いつも通りの国道経由で三十分早く出発しましょう」

「事前準備は昨日終わり、今朝は積み込みだけなので大丈夫です」

予想通り国道は激しく渋滞していましたが、遅れることなく到着しました。しかし、その日の商品受入口にはすでに二台の車、しかも雨で荷降ろし作業に時間がかかっており、

「やばい、このままでは遅れる。次の予定もあるし……」

と、Bさんに、

「悪いけど、受入担当者の方に、

①　今日は荷物の数が少ないから（一箱十kgが四箱）、渡り廊下から手押し台車の搬入でも問題ない。
②　伝票処理等はいつもと同じ手順で、搬入する場所が違うだけ。
③　車はワンボックスタイプだから渡り廊下にバックで着け、荷台のドアを開けると、渡り廊下の屋根の下にドアが入るので、荷物が雨に濡れることはないと説明していつもとは違う手順での納品の許可を取ってきてくれ。

数年前にも一度今日のようなことがあった。大丈夫だ。少し急いでくれ」と……。

車の中でBさんの帰りを待つAさんの右足は小刻みに上下し、一言もしゃべらず、Bさんが帰ってくる出入口を凝視、貧乏ゆすりは一層激しさを増していました。五分後、伝票処理を終えて台車を押して帰ってきたBさんが、〝Aさん焦らないでください〟が提案できるよう〝**サブリーダーの育成**（35ページ）〟ができていれば良かったのですが……。

安全の確保や降ろし忘れがないよう〝**指差し呼称**（38ページ）〟で確認するように二人の部下に指示を出し、荷台に一番近い位置にいたAさんは、早く降ろそうと自分で荷台のドアを開けました。

箱の取っ手に指を入れ手前に引っ張り、両手で箱をしっかり抱え、約一メートル半、後方に置かれた台車に正対して、背筋を伸ばしたまま、両足を曲げ、腰をかがめることなく、ゆっくり降ろす予定だったのですが……。その日のAさん、指差し呼称をすることなく、箱を抱えると同時に腰を捻りながら、二～三歩バックし、台車に正対するまで四十五度の角度を残して箱

を降ろそうとしたときでした

「ウッ、痛い！」

次の瞬間、抱えていた箱が右足の甲の上に落下、落とした箱に両手を着き、しばらく動けなくなりました。Aさんは、腰痛に関する〝**講演**（49ページ）〟会の聴講、腰痛の〝労働衛生**教育**（49ページ）〟の受講、上司への〝**報告**（56ページ）〟も行っていたのですが……。ちなみに、労働衛生教育は中災防発行のテキストで〝職場における腰痛予防対策指針のポイント〟を用いた、腰痛予防の知識習得を目的とした〝**講義**（65ページ）〟だったそうです。そんなAさんが今客先で、

「ごめん、車で待っているから後は頼む」

と、納品が完了するまで車で待機、次の納品先に行く途中、事業所の近くの病院で下車。足の腫れはたいしたことなかったのですが、腰は完治に三カ月かかりました。

このような労働災害を防ぐために有効なツール

を紹介していきます。

2　コミュニケーションツール

(1)　安全衛生

手元にある国語辞典には、安全とは「危なくないこと」、衛生とは「健康に気を付け病気を予防治療する」と、あります。産業現場においては、安全とは「仕事中にケガをしないようにしましょう」、衛生とは「仕事中に心も体も病気にならないようにしましょう」になると考えます。

はじめの納品作業中の労働災害では、〝箱を足の甲に落下させケガをした〟このようなケガを発生させないで作業を行うことが求められますが、実作業においては、ケガもしましたが職業性疾病の一つである腰痛も発生しています。例外の有無を検証したことはありませんが、多くの労働災害を防止するには**安全と衛生の知識の活用**が必要になります。

(2) 朝礼

労働災害の原因の一つに〝コミニュケーション不足〟があると言われています。コミニュケーションは意思疎通の意です。労働災害を防ぐ上で、朝礼は重要なコミュニケーションツールとなります。安全確保には〝縦〟と〝横〟と〝面〟のコミュニケーションが必要です。

縦のコミニュケーションは、経営者をトップとした組織目標や経営方針を決定し周知するための、社長・部長・課長等の経営者や管理者で行われる会議。

横のコミニュケーションは、経営トップの思いを具体化するために〝部〟間の調整や〝課〟間の調整を行う〝部長会議〟や〝課長会議〟

そして、面のコミニュケーショーンは、各〝部〟や〝課〟で決まったことを〝部〟や〝課〟に所属する各職場で日常業務にブレイクダウンすることと考えます。

事業場規模や業種にもよりますが、朝礼終了後に各職場に分かれてTBMが行われているのも目にします。

(3) TBM

TBM（ツールボックスミーティング）とは、Tool Box Meeting の頭文字をとってTBM（ティー・ビー・エム）と言われています。これから行う仕事の打合せを、道具箱に腰掛けたり、道具箱の近くで行っていたことなどが語源のようです。

(3)の1　TBMの実際

Aさんは朝礼後、直ちに部下四人に招集をかけ、五人が円陣になってTBMがスタートしました。

A：「これからTBMを開始します。整列、番号」

と言って、右手を軽く右隣のBさんの方に差し出しました。

B：「一」

C：「二」

D：「三」

E：「四」

そして最後にAさんが、

A：「五」

号令の際、Aさんは、「一」と言ったBさんの顔色を見て、声を聞いた。次に「二」と言ったCさんの顔色と声……と、全員の顔色を見て声を聞くことで、健康状態を観察しています。

その時、昨日から咳をしていたCさんが気になりました。

A：「Cさん、昨日咳をしていましたが、大丈夫？」

C：「今朝は大丈夫です、多分寒暖の差で布団が……」

TBM（ツールボックスミーティング）

A：「このところ寒暖の差があり、布団や服装はこまめに調整しましょう。その他ないですか？」

全員：「ありません」

A：「今日、Cさんは内勤ですが、咳が続くようだったら総務課長に一言伝えて病院に行ってください」

C：「ありがとうございます」

続いて、Aさんは

「今日の作業は、作業指示書にあるように、納品組は私AとBさんとEさんの三人で行きますが、雨が降っているので……八時半に出発……」

と指示を出し、

「内勤のCさんとDさんは……昨日の続きの倉庫の整理整頓で……」

と指示を出しました。

Aさんは

「本当にみんなわかったのだろうか……？」
と、不安になり、
「本日の作業はわかりましたか？　何か質問はありますか？」
全員：「ありません」
ここでAさんは、納品組のEさんに問いかけました。
A：「Eさん雨が降っていますが、どの道で行きますか？」
E：「雨が降っているので私がよく知っている裏道が……」
B：「先ほど、……八時半に出発で……と指示があっただろ」
E：「運転を任されたことがうれしくて……聞いていませんでした……すみません」
内勤組のCさんにも問いかけました。
A：「倉庫の棚の整理整頓は奥から？　それとも手前から？」
C：「手前から奥に向けて……」
その時話を切ったDさん、
D：「先輩、手前は昨日行っているので、今日は奥側を……と先程言っていましたよ」
C：「知っているよ。　……今日は昨日の続きなので……奥側をやろう……と、言おうとしていたのに……話は最後まで聞いてくれよ」
Aさんは
「わかりましたか？」と言われて「わかりません」

とは言わないし、いや、言えないかも……

と思い、**ポイントを復唱させることの重要性**を再認識しました。

その後、納品組はＫＹ（危険予知）を行い、労働災害発生のプロセスを各自一つ考え、今日のポイントを、

「サイドミラーを見たところ雨水がかかっていて他の車両がはっきりと見えなかったため、そのまま車線変更して、見落とした右レーンの車両と接触する」

として、これを危険のポイントにしました。

チーム行動目標は、

「サイドミラーに雨水がかかっている時は、かかった雨水を、拭き取って、乗り込もう　ヨシ！」

とし、指差し呼称項目は

「ミラー水滴拭き取り　ヨシ！」に決定しました。

サイドミラーを指差し、

「ミラー水滴拭き取り　ヨシ！」

で、出発することを確認しました。

一方、内勤組の危険のポイントは

「書類の入った重い箱を、前かがみになり手で持ち上げようとして、腰を痛める」

に決定し、チーム行動目標は、

「書類の入った箱を持ち上げる時は、腰を、下ろして、箱をしっかりつかんで、足の力で持

ち上げる」
とし、指差し呼称項目を
「足の力、持ち上げ　ヨシ！」
にしました。そして、箱を持ち上げる際に、箱を指差して
「足の力、持ち上げ　ヨシ！」
と指差し呼称後に作業を行うことを確認しました。

Aさんは、KYを終了した納品組と内勤組の全員を円陣に再招集し、

「今日もゼロ災でいこう　ヨシ！」

のタッチアンドコール後
「では、今日もよろしくお願いします」

で、解散しました。

出発時にはAさん・Bさん・Eさんの三人は、チェックリストに沿って荷物の点検、そして、車を運転するEさんはタオルでサイドミラーの水滴を拭き取り、指差し呼称で、

「ミラー水滴拭き取り　ヨシ！」

で出発していきました。

やっと前任者と同じことができるようになったAさんでした。

3　安全確保ツール

⑷　指示

Aさんが係長になった当初の作業指示は

「忘れ物のないように注意して出発準備をし、安全運転でお願いします」

でしたが、

ほどなく、自分の指示に具体性がなかったことに気付いたAさん、指示とは、〝行うべきこと〟と〝その順番〟と〝その時の注意事項〟で、ツールとして作業手順書が使えると考えるようになりました。

作業手順書には〝行うべきこととその順番〟が、主なステップとして順番に表記され、〝その時の注意事項〟が作業のポイントとして併記されています。Aさんの作業指示は作業手順書に沿って行い、〝注意〟や〝気を付ける〟などの単語を使わない指示に変化していきました。

例えば、

「忘れ物のないように注意して出発準備をし、安全運転でお願いします」

が、

①　納品先伝票と納品一覧表のチェックリストをお客様別にセットする。注意事項として

は、納品伝票とチェクリストのお客様名が同一であることを指差し呼称で確認する。
②　遠方のお客様の商品から積み込み、完了後に納品一覧表のチェックリストで商品が揃っていることを指差し呼称で確認する。その時の注意事項は、お客様ごとに積み込み、チェックリストによるチェックが終わったらお客様名を書いた仕切り板を入れる。
③　今日は雨が降っているので、車間距離は車間時間で三秒以上とる。
④　「ミラー水滴拭き取り　ヨシ！」を実行しよう。

等々です。

これらの作業指示は、作業のやり方を示した作業手順書に基づいていることから、ルール違反のない**安全作業を行うための重要ツール**の一つとなります。

(5)　ヒヤリハット

先日、Aさんは、倉庫の不要となった棚を取り外す作業を頼まれました。棚板を棚板金具から取り外すのには電動プラスドライバーを使ったので時間は必要としませんでしたが、棚板金具は壁にマイナスの木ねじで取り付けられていました。

「マイナスドライバーは今手元にないので後にしよう……。でも、このままでは、棚板金具が壁から飛び出しているので、箱を持ち上げようとかがみこんで、目を突く……外しておかないと……」

と思ったのですが、

「しかし、指差し呼称で〝棚板金具位置確認　ヨシ！〟をすれば大丈夫……」

と、後で取り外すことにしたのですが、作業に夢中になり指差し呼称を忘れ、その結果、

「痛い！」

壁にピッタリくっつけて置いてある段ボールに、正対しようと近づいた時でした。棚板を支えている棚板金具がAさんの眼鏡に当たり、フレームから外れ床に落ちたレンズは真っ二つに……、幸いにもケガはありませんでしたが、最悪失明の危険も……。**危ない環境は早急な改善が必要**です。それともう一点、目の高さで手前に飛び出している物は見落としてしまいます。

(6) 不安全な状態、不安全な行動

Aさんが係長になる前でした。年の瀬も迫った十二月中旬、事務所で両サイドが黒く変色していた蛍光管がついに点滅を始めました。係長がAさんに、

「忙しいところ申し訳ないが、蛍光管を交換してよ」

「はい」

「誰か補助者を頼んでください」

Aさんは、

「みんな忙しそうなので、一人でも大丈夫だろう……」

と、脚立使用時の禁止事項を無視して、ルール違反を承知で交換作業を一人で開始しました。蛍光管を持って脚立を降りていくと、最後の一段を踏み外しお尻から床に〝ドスン〟。幸いにもケガはありませんでしたが、破損した蛍光管の掃除が大変だったそうです。職場で決めた〝脚立使用時の禁止十一箇条〟はよく知っていたのですが。

脚立使用時の禁止十一箇条は次の通りです。（　）内は略称です。

①　天板の上での作業（天板立ち）
②　天板をまたいでの作業（天板またぎ）
③　天板をお尻側にした作業（尻天板）
④　脚立上での力仕事（力仕事）
⑤　荷物を持っての昇降（手ふさがり）
⑥　補助者なしでの作業（一人作業）
⑦　脚立から身を乗り出す（乗り出し）
⑧　頭の上での作業（頭上）
⑨　凸凹、軟弱、斜面での作業（床条件）
⑩　開き止め未使用での作業（開き止め未使用）
⑪　脚立上で体を回転させる作業（回転）

⑹の1　ルール違反と不安全な状態と不安全な行動の接触（労働災害発生のプロセス）の関係

一般的にKYの中では危険については、不安全な状態は「～なので」、不安全な行動は「～して」、事故は「～なる」というように表現されています。ではKYの中での危険の捉え方を参考に、この事故が〝どのような不安全な状態〟と……〝どのような不安全な行動〟が接触したために起きたのか考えてみましょう。

不安全な状態と不安全な行動の接触（以下：労働災害発生のプロセス）は、

例：一人作業をしたので、蛍光管を持ちながら降りて、落ちた。

となり、対策は補助作業者を付ける、つまり〝ルールを順守する〟になります。ルール違反に対して、労働災害発生のプロセスを考えて悪いわけではないのですが、ルール違反を発見した時は、ルール違反の是正が先です。蛍光管の交換作業で補助者を必要とする理由は、脚立上で取り外し取り付け作業者以外に、その蛍光管の受け渡しが一人、脚立の支えが一人必要と考えるからです。

ルールを順守するには、理由のわからないルールは言われた時だけの実行となることから、〝なぜそのルールが存在するか〟の理由が大切です〝脚立使用時の禁止十一箇条〟の理由は

①　天板の上での作業（天板立ち）
・体を安定させるために寄り掛かる所がない

②　天板をまたいでの作業（天板またぎ）
・体を安定させるために寄り掛かる所がない
・体の前後移動で体の重心が脚立の幅の外に出て脚立の転倒、脚立からの落下につながる

③　天板をお尻側にした作業（尻天板）
・体を安定させるために寄り掛かる所がない

④　脚立上での力仕事（力仕事）
・力を入れた際に脚立が動いて脚立が転倒する
・資材を引っ張り手が滑った反動で脚立から落ちる

⑤　荷物を持っての昇降（手ふさがり）
・三点支持の昇降ができない

どうやったらケガするか…

⑥ 補助者なしでの作業（一人作業）
・脚立支え、三点支持ができない
⑦ 脚立から身を乗り出す（乗り出し）
・体の重心が脚立の幅の外に出て脚立の転倒、脚立から落下する
⑧ 頭の上での作業（頭上）
・体が反って体の重心が後方に移動して落下する
・クラクラして落下する
⑨ 凸凹、軟弱、斜面での作業（床条件）
・脚立が傾き転倒する
⑩ 開き止めが未使用での作業(開き止め未使用)
・脚立が開いて落下する
⑪ 脚立上で体を回転させる作業（回転）
・体を安定させるために寄り掛かることができなくなる

等々ですが、皆さんの職場でも多くのルールをお持ちだと思います。チャンスがあれば**ルールの存**

在理由を情報発信していただければ幸いです。
ちなみにAさんは、上から二番目または三番目の踏みさんに両足の土踏まずで立ち、二番目に立ったときは天板と一番目、三番目に立ったときは天板と一番目と二番目に体を預けることで、体を支えて作業しています。

⑹の２　労働災害発生のプロセス発見で安全確保

Aさんは TBMで当日の作業について部下に、発生するかもしれない労働災害発生プロセスを考えさせ、KY実施時の第一ラウンド、さらには、リスクアセスメントの材料にも活用しています。つまり、「ケガをしないように作業をするには……」の活動から**「どうやったらケガをするか……」を考える活動**にしました。

例えば、ルール順守での蛍光管の交換作業で、発生するかもしれない労働災害は、

① ごみ箱脇に脚立を立てたので、脚立を降りようとして、ごみ箱につまずき転ぶ。
② OAフロアのコンセントの上に脚立の足を置いたので、脚立に乗ると、ぐらつき落ちる。
③ 外した蛍光管を脚立脇の床に置いたので、補助者が新しい蛍光管を渡そうと脚立上の作業者に近寄って、蛍光管を踏んで足を切る。

等々が考えられます。
その対策は、

① 脚立を立てる時は、ごみ箱を、撤去して、立てる。
② コンセント上に脚立の足が乗るときは、脚立を、コンセント脇に少しずらせて立てる。
③ 外した蛍光管を置くときは、蛍光管を、脚立脇の机の上に置いて、新品を渡す。
等々です。

(6)の3　労働災害発生のプロセス発見で再発防止活動

Aさんはそれ以後、ルール順守の蛍光管交換作業を行っていましたが……、ある日ヒヤリハットが報告されました。それは、「蛍光管が熱かったので（不安全な状態）、外した蛍光管を握り替えて（不安全な行動）、蛍光管を落としそうになった（事故）」というものでした。

事故の再発防止活動を行うには、フィッシュボーンチャート、4M手法、なぜなぜ分析など種々の手法があります。

ここでは、Aさんの職場で行われている、発生した労働災害やヒヤリハットを、労働災害発生のプロセスで表現し、対策を検討する方法をのぞいてみましょう。

報告された事故（ここではヒヤリハット）は、

不安全な状態：蛍光管が熱かったので、
不安全な行動：外した蛍光管を握り替えて、
事　　　故：蛍光管を落としそうになった。

です。

対策は、「～する時は」と場面を特定し、「～を」と使用する物を特定し、「～して」と物の活用を特定し、「～する」と行うことを決めます。

例えば、

場面の特定：蛍光管の交換作業をする時は、

使用する物を特定：滑り止め付き軍手を、

物の活用を特定：着用して、

行うことを特定：交換する。

となります。

早速、Aさんは蛍光管置き場に、滑り止め付きの軍手を一緒に置くことにしました。このように労働災害発生のプロセスからは、再発防止のヒントが読み取れます。

(6)の４　ヒヤリハットで新ルール誕生

高さ一・八メートルの脚立の上で壁に釘を打っていたCさんに向かってDさんは、

「昼ですよ、昼食にしましょう」

「わかった。脚立はこのままにしておいて大丈夫？」

「大丈夫ですよ、誰も来ないですよ」

「先に行って」

「了解です」

と、Dさんはその場を離れました。

金づちと腰の工具ポーチを天板に置いて脚立を降り、昼食に向かったCさん。

昼食を済ませ職場に戻る途中、そのままになっていた脚立を発見したEさん、

「使い終わった脚立は所定の場所に返すことは皆知っているのに……片付けておこう」

と、独り言、脚立を持ち上げた瞬間、

「痛い！」

天板に置いてあった金づちと工具ポーチがヘルメットにゴツン、幸いケガはありませんでした。当日の終礼で、重大ヒヤリ発生の報告がなされました。

ここに〝天板には工具など物を置かないこと〟の**新ルールが誕生**し、その後は脚立禁止作業十二箇条で運用されています。

一方、Cさんは、

「使用中触るな！　Cより」

の注意書きをしなかったことを悔やんでいました。

(7)　リーダーシップ

Aさんは、職長は管理者から発せられる情報を最前線の作業者に伝え、作業者の意見等を管理者に伝えることから、〝職場の要〟で、そのためにはリーダーシップが必要であると習いま

した。それ以後、リーダーシップを発揮するには、『職長の安全衛生テキスト』（中災防発行）を参考に次のように進めています。

⑺の1　リーダーシップと目標達成

Aさんは雨の中で遅れないように納品するため、

①　〝目標を示す〟は、「出発時間を三十分早める」

②　〝目標に対する自分の考えを明確にする〟は、「渋滞が予想される」

③　〝そのための役割分担と責任を示す〟は、「事前準備はBさんとEさん、車の運転はEさん……」

④　〝上司や部下等関係者と目標達成のための交渉をする〟は、「裏道の選択肢もあるだろうが、〝多分大丈夫〟の選択はだめです」

⑤　〝その際は建設的意見を述べる〟は、間に合わない可能性があるので話し合いが必要となるため、できる・できない、の議論になることがあります。ここでは、どうやったら三十分早く出ることができるかを話し合って、決定し、実行することが大切になります。

⑥　〝目標達成のための行動開始日時と終了日時を示す〟は、

「出発前に行う積み込み準備は今日のうちに完了させましょう」

⑦〝進捗状況を把握し、必要なら修正を行う〟は、

Aさんは、その日のアフターファイブで飲みニケーションを予定していましたが、Aさん自身が起こした労災発生でできなくなったため、

「Bさん、総務課長への報告とアフターファイブは頼むよ。俺は行けないけど援助するから……」

BさんはAさんに気を遣って、

「課長報告は承知しましたが、今日のアフターファイブは今度にしましょう」

⑧〝結果は上司に報告し、部下には感謝を伝える〟は、

電話で労災発生とその後の対応、納品は係長補佐が無事完了させたことなど総務課長に報告しました。翌日の朝礼では総務課長が配送検査課全員に〝トラブル対応の素晴らしさ〟に感謝の意を伝えました。また、Aさんは迷惑をかけたことをわび、素晴らしいチームワークだったことに感謝を伝えました。

⑨〝達成できなかった場合はその処理に当たる〟は、

労災が発生したことで全員が無事帰社とはなりませんでした。そして、翌日Aさんを中心に再発防止活動がスタートしました。

その日の納品は無事終了しましたが、全員無事帰社できなかったことが悔やまれました。Aさんは**①〜⑨のポイント**を大切にリーダーとしての資質を向上させ、やがては事業所長になる

のですが、それはもう少し先の話です。

(7)の2　リーダーシップとあいさつ

Aさんは、係長就任時からリーダーシップが発揮できたわけではありませんでした。Aさんが社会人一年生の時、直属の上司に言われたことの一つに、

「いいかお前、先輩を見たら先に大きな声であいさつしろ。朝は〝おはようございます〟、帰りは〝お先に失礼します〟あいさつは〝してくれる〟ではなく〝する〟んだ　わかったか！」

後で知ることになるのですが、その先輩は厳しく部下に接することで有名だったそうです。幸いにも（？）その先輩とは一年間の付き合いでした。しかし、その後、名古屋事業所への異動で再会することになるとは……しかも直属の上司で……。

その先輩は、

「お前は、いつ来て、いつ帰ったかがすぐわかる」

「朝は大きな声で〝おはようございます〟、帰りは〝お先です〟と言う」

「誰に指導を受けた？」

「そういう指導ができる上司は素晴らしいやつだ、見てみたい」

「俺はお前のようにあいさつするやつは好きだ」

Aさんは、

「自分で自分を褒めて……」

「好かれても困るよなぁ……」

「先輩は俺の嫌いな上司の一人なのに……」

係長になる前のAさんは、みんなに〝おはようございます〟、〝お先です〟のあいさつを自分から積極的に言っていました。しかも構えることなく……自然に……。しかし、係長就任当初〝おはようございます〟や〝お先です〟のあいさつを自分より先にしてくれるのは、係長補佐のBさんだけでした。先日まであいさつをしていたCさん、Dさん、Eさんはあいさつをしてくれなくなった……のです。

納品に追われ多忙な金曜日、大型連休前の金曜日はさらに拍車が掛かります。Aさんが係長就任直後の大型連休前の金曜日の午後三時、

倉庫の在庫チェックをしていた時、棚を一本挟んだ隣の通路でCさんとDさんが何やらゴソゴソ……

「Cさん、伝票処理なしで納品して大丈夫ですか？」

「俺もそんなことやったことないけど、早く欲しいと言っているだろ」

「それってまずくないですか、係長に聞いてみましょうか？」

「でもな、最近話しにくくないか？　あいさつもしてくれないぜ」

「そうですよね……係長になったら急に偉そうになって……」

棚を一本挟んだ隣の通路でAさんは

「何言ってんだい、あいさつしないのはお前らじゃないか……」

あいさつは「してくれる」ではなく「するもの」

　そのとき、Aさんの脳裏を横切ったのは、あの先輩が言った

「いいかお前、先輩を見たら先に大きな声であいさつしろ。朝は〝おはようございます〟、帰りは〝お先に失礼します〟わかったか！」

だったそうです。

　考えてみたら、自分は部下にそんなことを話した記憶はありませんでしたが、自分の信頼する部下として日々活躍している係長補佐のBさんはあいさつをしてくれています。

　そこでBさんに思い切って、

「Bさん、話があるんだけど……」

「なんでしょうか？」

「最近、みんなあいさつをしてくれないいんだけど……」

「みんなも同じことを言っていますよ。係長になった途端に、朝、廊下で擦れ違ってもあいさつしてくれないって」

「えっ」

「なんでみんなにはあいさつしないんですか?」

「だって、俺が係長になったらみんなあいさつをしてくれなくなったんだ」

「係長、わかりました! 〝してくれる〟じゃなく、〝する〟んですよ。係長はいつも大きな声で言っていたじゃないですか。私はあいさつを〝してくれる〟と考えたことはないですよ。あいさつは〝する〟んですよ」

Aさんはショックでした。

その日は、いつもより早く退社し、最寄りの駅に向かったAさん。コンビニの駐車場で楽しそうに話している若者たち、国道を走る車、商店の入り口に置かれた今では珍しいカセットテープレコーダーから流れる
「いらっしゃい♪、いらっしゃい♪、揚げたてのコロッケおいしいよ♪……」

毎日見聞きしている通勤途上で繰り返される光景から逃れたく、足取りは重く、いつも歩いている道が通りたくなかったのを覚えているそうです。気が付くと、路地に入っていました。

そこには、多くの住宅があり生活色を感じられる町並みがありました。

しばらく歩くと住宅街を抜け、正面に見える山々の新緑が目に染みた。駅まで徒歩数分の道のりが三十分以上かかっていました。

帰宅後はいつもの通り、子供の相手をし、台所を手伝い、風呂に入り、テレビで広島カープの野球の試合を見て、ニュースを見たが、会話は少なく、風呂は長く、テレビも前に座ってい

るだけでした。床に就いたが、なかなか寝付けなかった。そんな中で、あの先輩が言っていた「あいさつは〝してくれる〟ではなく〝する〟」を思い出した。

「俺に教えてくれていたんだ。きっとそうだ！」

気が付くとカーテンの隙間から快晴の空が見えた。毎朝電線で繰り返されるツバメの朝礼が今朝はいつも以上に心地よかった。

「ヨシ！」

何かが吹っ切れたようだった。

朝礼でみんなに心配をかけたことをわび、あの先輩の話をした。朝礼後Cさんが、「……係長、良い話を聞かせてもらいました……」

がうれしかった。Aさんは以前のように〝する〟あいさつを今も続けています。

(8) サブリーダーの育成

ある日、職場で定期購読している月刊誌の記事を読んでいたAさん。

「そういうことか」と思わず声を出してしまいました。

その文章は、

【……お客さんから

「大変、材料が足りない、正午に持ってきて」

と班長の携帯電話が鳴ったのが、午前十時十分のこと。担当者は一時間あれば配達できるので、午前十一時に出ようと班長に伝えましたが、班長は直ちに出るように　指示しました。しかし、担当者は、

「三十分早く出ても待つことになる」

と指示に従わず、結局十一時に出発しました。結果、十一時五十分過ぎても着くことができず、

「このままでは到着が遅れるかもしれない……」

と焦ることに。

担当者が近道をしようと路地に入り、後輪が側溝へ脱輪するのに時間はかからなかったそうです。車のハンドルを持つとき、

「一時間必要」

と思うと、なぜか一時間前にならないと出発する気にならず、その結果、予定に遅れると焦ったり、遅れなくても予定を守ろうと焦って失敗をしたりします。焦らないためには、

① 上司は部下を焦らせないよう具体的な指示を出す。

② 焦っている部下に対しては「一時間かかるものは一時間かかるので焦るな」などの声をかける。

③ 指差し呼称で一つ一つの行動を完結させる。

ちなみにこの担当者は、その後十五分は早く出発するようになったそうです。……】

出発前のKYの実施、時間に余裕を持った行動などしっかりと安全を確保したつもりのAさんでしたが、雨天であることでいつもと違う状況となって焦ることまでは予期していませんでした。

雑誌の記事に焦らないためには①～③が大切と書かれていたところに、もう一点追加することにしました。

〝④　サブリーダーはリーダーの焦りを止める。〟

特にプレイングマネージャーの職制の任を担っていると、リーダー自身もプレイを行うことから自己コントロールが求められます。これはハードルが高かったのです。Aさんは、自分の暴走を防ぐために、係長補佐のBさんに「俺が焦っている時は〝焦らずやりましょう〟と声をかけてくれ」と頼んでいるようです。

Aさんは荷台から商品を降ろす際、自分がたまたま荷台に近い位置にいたため、早く降ろそうと、ある意味勝手に作業を始めたのです。本来であれば、運転担当のEさんの「ドア開けます」の合図で、Aさんが最初に降ろすとするなら、

「俺が最初に降ろすから」

と宣言し、

「Bさんは台車持っていて、次はEさんね」と伝え

「台車一・五メートル後方位置　ヨシ！」

と声を出して指差し呼称し、

「箱持った　ヨシ、台車正対　ヨシ、膝曲げ　ヨシ」

と心で呟き、作業を行えばよかったと思ったのですが後の祭りでした。

⑼　指差し呼称

係長になった当初、職長教育を修了したAさんは、部下に
「……指差し呼称で確認を……」

と言ってはいましたが、正直、指差し呼称の効果を理解できていませんでした。というよりは、

「……課長がうるさいから……部下にやれと言っていた……」

が本心だったような気も……。そんな時、労働災害を出してしまったのです。完治した三カ月後に課長がAさんに、

「中災防からKYの研修会の案内が届いているので行ってきてください」

「この前、職長教育を受けたばかりですよ」

「知っています」

「私が労災出したからですか？」

「Aさん、係長の役目は何だと思っている？」

「職長教育で習いました」

「では、言ってみてください」

「………」

「具体的に説明できないだろ。私が職長教育を受けた時に……」

「えっ、課長も職長教育を受けているのですか?」

「そうだよ、私はあの時、職長の仕事は〝部下の命と給料を守ること〟だと理解しました。その重要なツールの一つがこれだよ。申し込みは総務でしておくから」

と、Aさんに手渡したのが〝KYT（危険予知訓練）トレーナー研修会（二日間）主催：中央労働災害防止協会中国四国安全衛生サービスセンター（略称：中災防中四国センター）〟と書かれたチラシでした。

受講後は、見よう見まねでやっていたTBM、KY、指差し呼称などの意味が理解でき、自信を持って部下に接することができるようになりました。

⑼の1　指差し呼称の原点に出合う

①　指差し呼称と目線と対象物

月日が流れ、Aさんは事業所の所長として多くの部下を持つようになり、私生活でお孫さんもいらっしゃいます。

大型連休真っただ中、Aさん宅に遊びに来ていたお孫さんから、

「おじいちゃん、おばあちゃん、明日はお祭りに行こうね♪」とお願いされてお祭りに行くことになりました。

お祭りの会場近くで、

「おじいちゃん、あのビル高いね。何階建て？」

と、一人のお孫さんが高層ビルを指差しました。すると全員が、

「どこ？　あのビル？」

と、次の瞬間には、駆け寄ってきた二人のお孫さんでAさんの両手はふさがったのです。

「ちょっと待って、数えるから」

首を軽く上下に動かしながら、

「一、二、三……十二、十三……？？」

あれ？　もう一回
「一、二、三……十二、十三……？？……？？」

何度数えても途中でわからなくなるのです。

右手のお孫さんを最年長のお孫さんに預け、お孫さんと同じように指差して、

「一、二、三……四八、四九、五〇　五〇階建てだよ」

と、カウントミスなく数えることができました。

これは、指差し呼称で失敗が防げる理由の一つに繫がるのではないかとAさんは感じました。

Aさんは「一」と言っては一階を指差し、「二」と言っては二階を指差し、繰り返すこと五十回、各フロアを指差すことで、私たちの移り気でフラフラしている**目線を指差した先の対象物で停め**、カウントミスを防いでいるのではないでしょうか。

焦っている時に失敗をする話はよく聞きますが、焦っていなくても失敗します。やっぱり、指差し呼称は失敗を防ぐ重要ツールであると強く思い、〝指差し呼称の原点〟に出会ったような気がしたそうです。

②　指差し呼称と焦り

Aさんは焦らないようにするため、「少し落ち着きましょう」などと声をかけてくれる人の配置や育成、時間に余裕を持つことは実行していたのですが……。

携帯電話の切り方を間違え、物損事故を発生させてしまったのです。

日曜日の午後、買い物に出かけようとAさん夫婦が車に乗り込んだ時でしたAさんの妻の携帯電話が、〝プププッ、プププッ〟と呼び出し音。話の様子からAさん夫婦が娘さん夫婦の家に行くか、それとも娘さん夫婦がAさんの家に行くかが、話の焦点だったようです。

「買い物もあるので私たちが行くよ」

「……」

「えっ、クリーニング取りに行くの？」

「……」

「今、車に乗り込んだので私たちが行くね」

携帯電話が耳から離されるタイミングで、Aさんの車に取り付けられているETCから、

「ETCカードが挿入されていません」

のメッセージ。

車庫を出て一〇分も走ったところ、助手席のAさんの妻が、

「あっ、子供とすれ違った、孫たちも乗っていたよ。Uターン、Uターン、早く、早く」

毎日走っている国道、何処に注意したらいいかよく知っているAさん。瞬時に、左方向指示器を出し、左前方の歩道に自転車や歩行者がいないこと、左後方の後続二輪車と歩道に歩行者や自転車がいないことを確かめ、少し強いブレーキでしたが、直ちに左前方のコンビニ駐車場へハンドルを切ったのです。お尻の下で「ガリガリ」と異音、後輪が「ゴトン」と何かに乗り上げ、次の瞬間「ボコッ」と何かがつぶれたような音。後輪が縁石をヒット。

「あちゃ〜」

ディーラーに車を持っていくと、

「立派な物損事故ですよ、燃料タンクとマフラーを交換しましょう」

高価なUターンになりましたが、Aさんの妻いわく、

「人身事故にならなくてよかったね。次から気を付けようね」

で、話が終わったそうです。

「だったら、さっきの〝あっ、今、子供とすれ違った、孫たちも乗っていたよ。Uターン、

Uターン、早く、早く〟は何だったんだよ」

と思ってみても後の祭り……。

Uターンを決めた時、ハンドルを持ったまま右手親指でコンビニの駐車場を指差し、

「ハードブレーキ使用ダメ　ヨシ！」

と、その先にあるスーパーマーケットの駐車場を利用させてもらうことを選択し、

「あそこを左折するから」

と、駐車場入り口までの左歩道を指差し、

「左歩道、並走自転車、歩行者なし　ヨシ！」

左サイドミラーを指差し、

「後続バイクなし　ヨシ！」

前方車両のストップランプを指差し、

「ブレーキ使用なし　ヨシ！」

等といつも通りの運転をすれば、**〝指差し呼称〟が余裕をAさんに提供**し、この物損事故を避けることができたと考えます。

また、電話で打ち合わせを行ったのに、なぜ行き違いが発生したのかも語ってくれました。

「お母さん、私達が行くと言ったのに……」

「えっ、そんなこと聞いていないよ」

「だって、お父さんの車の〝ETCカードが挿入されていません〟が聞こえていたよ。そのとき、〝やっぱり私達が行く〟って言ったでしょ」

そのときには、すでにAさんの妻の耳からは携帯電話が離れていたのでした。

固定電話は受話器を耳から離して電話機本体に置くと相手に会話が終了したことが伝わりやすかったのですが、携帯電話は耳から受話器を離し、会話終了ボタンをタッチしても、はっきりと電話が切れたかわかりにくいため、相手が電話を切ったことに気が付かずに話してしまうことが起こり、情報の未伝達が発生します。それを避けるためにはお互いが決めたことを復唱し、〝電話を切ります〟の合図で終了することが求められます。例えば、

「来るのだったら待っているね」

「車のエンジン掛けたから、二〇分後ね」

「じゃ、電話切るね」

のように、電話を切ればこのトラブルは避けることができたのです。

車の運転時も指差し呼称を安全運転のツールとして、活用したいものですね。ただ、ハンドルから手を放しての〝指差し呼称〟は他のドライバーに誤解を与えることがありますので要注意です。

③ 指差し呼称と睡魔

Aさんとその部下は、運転中のヒヤリハット等多くの経験を朝礼やTBMで情報共有し、安

全運転に役立てています。

春休みが始まった三月下旬に休暇を取得したAさん、車で出かけた一泊二日の家族旅行での経験を月曜日の朝礼で話していました。

「おはようございます。先週は休みをいただきありがとうございました」

と、続けて紹介した話は、

【ポカポカ陽気で、全開にした窓から入る心地よい風を楽しみながら国道を快調に走行していましたが、地元の文化に触れたくて生活道へとハンドルを切りました。都会とは全く違うまい空気でした。生活道の入り口に〝アスファルト舗装工事中につき、最長十五分お待ちいただくことがあります〟との看板がありましたが

「確率的には十五分間フルで待つことはないよ」

「本当に？」

途中、二カ所に迂回路の案内はあったのですが、従うことなく直進することを選択しました。〝三百m先工事中〟の看板、さらにその向こうには、〝百m先工事中〟の看板と一人の高齢の誘導員の方、減速しながら接近すると、その方は赤い旗が取り付けられた棒を右手に持ち、その先端を大きく開いた左手の親指と人差し指の間に乗せ、両手を大きく伸ばし、Aさんの車が停車したのを確認後、深々とお辞儀をされました。

春の空気を楽しんでいたAさんに近寄り、

「申し訳ありません。十五分程お待ちください」

本当に十五分待つことになりました。

急ぐ旅でもないからいいか」

「ねぇ、どうする?」

「反対側でも同じことが起こっているのだろうね」

そんな話をしながら誘導員の方を見ていると、一定間隔でAさんの車の後方と接近車両があるはずのない反対車線を指差しており、不思議に思ったAさんは車を降り、

「誘導員さん、話しかけていいですか?」

「少しなら……」

「工事はどこですか?」

「あのカーブの向こう側です」

「ところで、何を指差しているのですか?」

「私たちは接近車両を絶対に見逃せないのです」

「市内と違って車が少ないから楽でいいですね」

「お客様それは違います。いつ来るかわからない車をじっと待つことは大変で、集中力が持ちません。ですから、私は一定間隔で接近車両のないことを指差し呼称で、〝接近車両なしヨシ!〟と確認しているのです。そうすると、違うことを考え、ぼうっとすることもなく、眠くもなりません」

この話を紹介した後、Aさんは朝礼参加者に、

「刺激対象を工夫することが必要であると習ったが、接近車両がないことを刺激対象にして、集中力を継続させることで接近車両を発見し、〝白ライトバン接近ヨシ！〟〝白ライトバン停止完了　ヨシ！〟これが**刺激対象の工夫**です」】

と話し、

「何か質問がありますか？」

するとEさんが、

「係長、指差し呼称の効果は理解しているつもりですが、繁華街などで大勢の人がいる場所ではどうすればいいのですか？　例えば横断歩道を渡るとき、大きな声で〝信号、青、ヨシ！〟など指差し呼称を行うとみんなビックリしますよ」

さらに、Dさんが、

「私もいつもそれを考えています。それで、結局職場でしかやっていません。家庭で指差し呼称をすると、子供は〝かっこいいね！〟と言ってくれますが、妻は大きな声を出さないで……。どうしたらいいのですか？」

⑼の2　指差し呼称の応用

その①

「私はこのように考えています。不特定多数の方がいる場所で行う指差し呼称は、両手を下

げた状態で、右手を軽く握って親指を立てて、立てた親指で刺激対象物を指差し、例えば親指で青信号を指差し心の中で『信号〝青〟ヨシ！』と、こうすれば周囲の人を驚かすことなく指差し呼称ができます」

つまり、Aさんは、足を肩幅に開いて、開いた左手の親指と人差し指の間に親指を後ろにして腰に当て、刺激対象物をしっかり見て、右手の縦拳から繰出す人差し指で、刺激対象物を指差すという職場で行っている**指差し呼称の基本を応用**しているのです。基本を知っていれば応用動作になりますが、基本を知らなければ単なる我流で、その効果は……〝？〟と考えます。

その②

中災防の〝KYT（危険予知訓練）トレーナー研修会〟では、「唱和をする時には、対象としている掲示物の文字を指でなぞる」ように指導されます。

Aさんの事業所にパソコンが導入されてからしばらくの間は、一台のパソコンを事業所の全員で使っていました。共用のパソコンを使っていると、ディスプレーの中央部に真横に幅一センチメートルの線があることにAさんは気が付きました。メガネ拭きで拭き取ると線は消えました。

ある日、納品書を印刷しようとパソコンが置かれている総務に行くと、ディスプレーに映し出されている本社あての報告書を、課長が右手人差し指でなぞりながら声を出して読んでいました。ディスプレー中央部真横にあった幅一センチメートルの線の正体がわかった瞬間でした。ディスプレー中央部にあった線は、**指差し呼称の応用**編だったのです。

4　安全確保伝達ツール

⑽　講演　＆　⑾　教育

事業所長になったAさんは、全社安全大会や事業所ごとに行われる勉強会などで講演依頼を受けるようになりました。出席者は、少ない会場で十数名、多い会場で百数十名になることもありました。

講演は、演題などに対して演者の思いや考えを伝えることで全体の底上げを目的とし、教育は、あることができるように知識を身に付けることと考えるようになったAさん。

例えば、演題〝指差し呼称で安全確保〟の講演を行い、指差し呼称の必要性を伝え、次は教育で指差し呼称のやり方の知識を身に付け、実践するため、訓練（受けさせられるもの）を受け、さらに実践するため練習（自ら行うもの）を行い、日々の継続的な実践があると考えます。

中学生時代に技術家庭科の先生がいつも言っていたのは、

「これからの日本は自動車社会になるので、運転免許は就職のとき有利になる」

とよく聞かされました。高校の卒業式終了後、学生服のままで自動車学校に直行したAさん。

最初は座学で車の構造や動かし方、交通ルール等の教育を受けると、何となく車を運転するために何が必要かを理解できましたが、まだ、車を動かす技術はありません。次に実車を使って、ハンドルの回し方、アクセル、ブレーキ、クラッチなどの操作方法の訓練を受けると車を動かすことができるようになり、やっとの思いで運転免許を取得。だからといって、直ちに公道を一人で運転する自信はありませんでした。そこで、お父さんの帰宅を待って、お父さんに助手席に乗ってもらい練習すると、一週間後には一人でハンドルを持つことに不安がなくなったAさんでした。

⑽ & ⑾の1　講演と教育に求めるもの

ある事業所から〝リスクアセスメントについて〟のタイトルで講演依頼があり、講演終了時

には多くの拍手をいただき、一安心して自席に帰ったAさん。窓口担当者の方がAさんの席に来られたので、

「今日はありがとうございました。皆様方の熱心な聴講感謝申し上げます」

すると、

「依頼事項と違う。私は講演を依頼したのだ」

「だから講演をさせていただいたのですが……」

「資料がない。これではリスクアセスメントができない！」

何がミスマッチだったのか理解できませんでしたが、Aさんは事業所長にお礼とおわびを伝えようと席に伺うと、

「今日はいい話をありがとうございました。これでみんなやる気になってくれたと思います」

「ミスマッチがあったようで申し訳ありません」

「何の問題もないです。次回もよろしくお願いします」

Aさんは混乱しましたが、事業所長に気を使ってもらったのがせめてもの救いでした。当然のことながら、担当者にお願いしたアンケート結果も最悪。しかし、アンケートの〝気付き欄〟に記載のあった

「……私はリスクアセスメントをできるようにしてほしかった……」

の一言は、〝打ち合わせの大切さ〟を再認識するきっかけとなりました。

一年後、

「おかげさまでみんながやる気になってくれました。あの時の講演は**良い動機づけ**になり、その後、

① 中災防から講師を招きリスクアセスメントの教育を受け、
② イラストを使ってリスクアセスメントの訓練を受け、
③ 職場の設備でリスクアセスメントの練習をし、
④ 今は日常業務で実践しています」

「ありがとうございます」

「ところでお願いがあるのですが、最近指差し呼称をやらない人が増えているので……」

「では、今年はヒューマンエラーと指差し呼称の関係をお話させていただければ……」

と詳細な打ち合わせができましたが。しかし、一点気になり、

「講演を聞いても指差し呼称の教育を受けないと、指差し呼称の技術を習得できない、つまり指差し呼称ができるようにはならないと思いますが……」

「もちろんです。教育の定義はいろいろあるのでしょうが、〝**実践のために必要な知識を身に付けること**〟と考えています。リスクアセスメントの時と同様に、講演を動機づけとし、教育⇩訓練⇩練習⇩実践と進めたいと考えています」

「私もそのように思います」

「昨年のリスクアセスメントの時もそうでしたが、過去に教育を受けた人は、講演を聞いて、やる気になればすぐにでも実践できると思いますが、多くの方はそうではありません」

「理解いただきありがとうございます。教育は、リスクアセスメント教育と同様に中災防に依頼して、講師の方に来てもらって行おうと思っています」

Aさんは、日常業務のかたわら講演の準備に取り掛かりました。

⑽ & ⑾の2　訓練&練習を行うにあたって

総務課長より、腰痛予防の講演会があるので聴講するように言われたAさんは、労働衛生教育が大切であることを知り、その旨を総務課長に報告しました。

一方、TBMでAさんから講演の概要を聞いたBさんは、安全衛生委員会で配送検査課全員が腰痛予防の知識を持つ必要性を提案しました。そこで、Aさんが講演会に続いて労働衛生教育を受講することになりました。教育時の実技を参考に訓練を行う講師役を務めることになりました。

Aさんは最初に腰痛発生作業のリストアップに取り組みました。

a　入荷商品の棚への仕分け作業
b　棚からの取り出し作業
c　車への積み込み作業
d　納品先での積み降ろし作業
e　車の運転

次に、リスクアセスメントを行い、腰痛が発生すると考えられる作業を減らすことに取り組みました。

①　倉庫の棚を一部撤去しパレット置き場を新設し、パレットで入ってくる箱類は棚に収納することなくパレットのまま床に直接置き、出荷時にはパレットから直接車に積み込み、棚への出し入れ作業を無くしました。

②　メーカーの協力で、パレット上の箱の高さは一段減らして三段とし、最上段の箱を伸び上がっての抱え降ろし作業を無くしました。

③　パレットは倉庫に入った右側の壁に沿って置き、パレットと車を平行にすることで、箱を抱えての積み込み作業時の体をひねる作業を減らしました。

④　車の運転は一時間で交替することとし、近距離は往路と復路で交替することとしました。

そして、前記の環境が整った後に、Aさんが講師役になって四人の部下全員が**箱の持ち上げ方などの訓練を受け、各自が日常業務でできるように練習をする**ことにしました。

翌日のＴＢＭでＣさんが、

「係長、納品先では荷物を降ろす環境がそれぞれ違いますが……」

「Ｃさん良いことに気が付きましたね」

「私も成長したもので、ふふふ♪……、それと……」

「まだ、何か?」

「係長がいなくなっても大丈夫なようにしておいてくださいよ」

「俺をクビにするなよ」Aさんは苦笑いしながら、「Cさんの気付きや俺が納品先で腰を痛めたようなことが起こらないように、どうするかを考えておく必要があるね」

「はい」

「納品先での環境は、車から台車、台車から床またはパレットもしくは棚、車からパレットなどが中心なので、倉庫でこれらの状況を作って訓練しましょう」

「いいですね」

「Cさん本当に成長したね。俺いつクビになっても大丈夫だね」

こうして、係長のAさんを中心にして見直された作業手順書は、商品の変更や納品先の環境変化の都度見直しが繰り返され、Aさんが事業所長になった今日も継続しています。

並行して、Aさんが受けた教育内容をみんなに伝えるための次の準備に取り掛かりました。

①　**テキストは総務が発注する。**

②　**講師役はAさんが担当する。**

③　**Aさんは復習する。**

④　**教育時間は安全週間の一週間で、時間は十六時〜十七時で行う。**

⑤　**場所は2階会議室**

⑥　**実技は倉庫で訓練を兼ねて行う。**

⑦　**練習は訓練終了後に全員で行う。**

配送検査課でのこの取組みが評価され、その後全社展開されることになりました。

⑿　報告

⑿の１　報告書の目的

Ａさんが入社して初めて配属されたのは配送検査課でした。勤務初日に事業所長から直々に指示されたのは新入社員教育の研修報告書を提出することでした。提出期限は一カ月以内とのこと。

早速、Ａさんは学生時代に習ったレポートの書き方を参考に、

① 目的
② 使用教材
③ 研修内容
④ まとめ

の内容で書くことにしました。一週間で仕上げた報告書は、四百字詰め原稿用紙二十枚になりました。翌朝、報告書を片手に、使用教材を手提げ袋に入れて所長のデスクに行き、

「事業所長、報告書ができました」

所長は報告書を受け取ると、左手の親指と人差し指にゴムの指サックをして、ペラペラとめくって、

「よくまとまっています」

「ありがとうございます」

「これはこれから君が働くために役立つと思いますので大切にしてください」

と言って中身をろくに見ないで返されました。〝よくまとまっている〟と言われれば悪い気はしなかったのですが、〝読んで欲しかった〟と思ったAさんに、

「君はこの報告書を君の上司に見せましたか」

「いいえ、見てもらってはいません」

「一度上司に見せなさい」

Aさんはよくわかりませんでしたが、係長に経緯を話し、報告書を見せると、

「お疲れ。報告書できたか」

「はい」

「君の上司は俺だ、
①　作業指示は直属の上司から出る。
②　所長から直接出た指示であっても直属の上司にその旨を報告する。
③　そのときには、所長は直属の上司にその旨を伝えているはずだ。
これは大切で、新入社員研修で習っただろ」

「そういえば講師が、〝君たちの作業指示は係長から出ます。また、何かやりたいことがあったら係長の許可をとる必要がある〟などと言っていました」

の話があり、やっと報告書のことに話が進みました。

「君が仕事で受ける研修は、**君の知識を増やして業務に生かすため**だ。所長や俺が知りたいのは、何を習ってきて、それを日々の業務にどのように生かすかで、特に大切なのは後者だ。この報告書は前者しかなく、しかも記載内容が肥大化している」

「どうすればいいかを教えてください」

「研修内容はカリキュラムとカリキュラムごとのその内容を簡単にまとめ、次に日々の業務にどのように生かすかを具体的に書くことだ」

「ありがとうございます。今回書いたこの報告書はボツにして書き直します」

「バカヤロー　なんでボツにする。この報告書は君が勉強した知識がよくまとめてあるじゃないか。将来役立つ。これは君の参考書になる。少しは考えろ」

Aさんは研修内容をスリム化した報告書にする作業に取り掛かりましたが、

「日々の業務がわからないのに、業務にどのように生かすかを具体的に書くように言われても……どうしよう」

スリム化しようと報告書を読み返していると

① 会社の理念とその意味

② 会社の体制

③ 仕事と社会貢献

④ コミュニケーションの取り方

⑤ 学校と職場の違い

⑥　毎日元気に家に帰る
⑦　電話のとり方
⑧　伝票の書き方
⑨　出張時の定時連絡

等々多くのことを学んでいました。その中に〝きれいな字に越したことはないが丁寧に書くことで読み間違いを防ぐ必要が……〟、とありました。

講師が、

「誰が一番早く1から10までの数字を書けるか、書き終わったら手を挙げてください」

「負けるものか」

Aさんは、一番ではありませんでしたが、三秒で手を挙げました。

「今書いた数字は判読できますか?」

人によっても異なりますが、1と7、3と7、4と9、6と0、7と9、8と9が同じ数字に読まれても不思議はなかったと記憶しています。

「そうか、学んだことを業務に生かす具体的事項はこれだ」

Aさんの報告書には、〝業務への応用〟の項目が追加され、その一つに、

「私は数字を早く書くと、4と9、7と9が同じ数字に見えることがあるので、字はきれいではありませんが丁寧に書くことを心掛けます」

もう一つの課題であったスリム化については、

「学んだ内容の詳細は、自分の知識にすればいい訳だから、詳細な内容ではなく、学んだ項目とそのキーワードを二〜三行にまとめよう」

その後に〝業務への応用〟の項目を追加しました。結局、

①　目的
②　使用教材
③　研修内容
④　まとめ

は、変更しませんでしたが、最初に書いた報告書の①〜③は十分の一以下のボリュームとなり、③の後半に〝業務への応用〟を追加しました。報告書を提出したのは、五月下旬で一カ月以上を要しましたが、ボリュームは当初の四分の一以下になりました。

「係長ありがとうございました。やっと報告書が完成しました」

「お疲れ、よう頑張った。早速事業所長に提出しろ」

「はい」

係長は要所要所で内容のチェックをしていましたが、書き直した報告書を事業所長が見るのは初めてです。

「遅くなりましたが、完成しました」

「君が仕事を覚えながら頑張っていることは係長から聞いています。楽しみに読ませてもらうよ」

「よろしくお願いいたします」

Aさんは嬉しかった。一週間後係長から
「事業所長が呼んでいる、行ってこい」

「はい」

事業所長のデスクに行き、

「失礼します。時間がかかって申し訳ありませんでした」

「いいよ、いいよ、良く書けている。一生懸命考えている。習ったことを業務にどのように生かそうとしているかが読み取れる。つまり、研修内容が理解できている。いいよ、いいよ」

「ありがとうございます」

「わが社には、今回のような研修報告、私が経営者に提出する役員報告、総務課長が書くクレーム報告などいろいろある。報告書の構成はいろいろですが、〝今後の業務に生かすため〟に書くことを忘れないでほしい」

「はい。いい勉強をさせていただきました」

「係長は君からの報告を待っているはずだから、早く帰って係長に報告しなさい」

「わかりました」

⑿の2　口頭報告

Aさんは、早速係長に

「事業所長の所に行ってきました」

「どうだった」

「最初に、遅れたことを謝りました。次に習ったことが生かされていると言われ、研修内容が理解できている、その理由は……」

「ちょっと待て、俺が聞きたいのは経緯ではなく結論だ。よく〝結論から先に言うと〟と言うだろ。言ってみろ」

「結論は二つあったと思います。一つは、良く書けている。もう一つは、報告書の構成はいろいろあるが今後の業務に生かすためにある、と言われました」

「良かったな」

「指導していただきありがとうございました」

「いいか、物事は起承転結で展開するが、報告は、結論が先だ。俺は結論が知りたいのだ」

「わかりました」

「俺が、事業所長と〝どんな話〟をしたか？　とか、〝経緯〟を尋ねたら、結起承転結で説明

しろ」

「はい」

この厳しい係長が一年後に本社に異動したことで、

「……また、係長の説教が始まったか……いやだな……」

と思わなくてよくなったAさんは正直ホッとしました。しかし、後になってわかることなのですが、この時のことはAさんにとって宝となっています。


三年後には○○事業所の拡大で後輩ができ教育係となったAさんは、あの厳しい係長から学んだことが大いに役立ったのです。ただし、あの係長の命令口調はなじめず、事業所長の丁寧な話し方を参考にしました。今になって思えば、嫌な思いをさせてくれたこともいい経験になったのですが、新人にとって辛かったのも事実です。その思いを、採用または異動六カ月後に事業所長が行う職員面接で、事業所長に話したことがありました。

「A君その後どうですか？　係長から頑張っていると報告を受けていますよ」

「ありがとうございます。ただ……」

「ただ……　何ですか？」

「係長はいつも命令口調で、ぶっきらぼうで、話が長く……」

話した時間は覚えていませんが、長時間だったような気がします。黙ってうなずきながら聞いてくれていた事業所長は最後に、

「それは大変だね、よくわかるよ。私も同じような経験をしたことがありますよ」

「事業所長もですか？」

「みんな一緒だと思いますよ。わたしが若い時、同じような経験をし、上司の課長に話すと〝いつまでも続くトンネルはない〟〝雨の後は必ず晴れる〟と言ってくれました」

「はい」

「私でよかったらいつでも話を聞きますよ」

事業所長に話したら随分と気が楽になったAさんでした。

「ところでAさん、あの報告書は読みやすい構成でしたが何を参考にされたのですか？」

⑿の3　報告書の構成

「学生時代に習った、レポートの書き方がベースにありますが、自分が研修で得た知識の詳

細を報告するのではなく、その知識を今後どのように活用するかを報告するようにと係長に言われました」

「そうですか、何を報告するかによって異なると思うのですが、研修報告は、**自分が習ったことのキーワードを簡単にまとめ、そのことを業務にどのように生かす**かが書かれているので良かったと思います」

学生時代のAさんは暇を見つけては本屋さんに行き、ノンフィクション作家の書いた書物を物色していました。背表紙のタイトルを見て面白そうな本を手に取り、カバーなどに簡単に書かれているあらすじを読み購入を決めます。目次に目を通し、本文を読み、最後の〝おわりに〟を読む。そして〝その事実〟と〝現在〟との関係を考えるのが好きでした。

「研修報告書とよく似ている……」

と、Aさん。

⒀　講義

⒀の１　講義の悩み

〝腰痛の労働衛生教育〟を実施することになったAさん。テキストを基に教育用のスライドをパソコンのプレゼンソフト（プレゼンテーションソフト）で作成し、プレゼンソフトで作成したスライドを印刷したものを渡して、スライドをプロジェクターで見せながらの教育を行いました。

最後に、

「何か質問ありますか?」

「テキストは使っていないのですが……、テキストはどうすればいいのですか?」

「えっ……」

想定外の質問に対して苦し紛れに、

「後でゆっくり目を通してください」

「はい」

一週間後、

「係長テキストを読んだのですが……」

「何か気付いたことがありましたか?」

「三点あるのですが、

① 箱の持ち上げ方は習いましたが、訓練も受けていないし、練習もしていないから不安です。

② プレゼンソフトは、テキストと同じことが書いてあり文字が小さく見えにくいので、テキストがあればプレゼンソフトは不要と思うのですが……。

③ 事業所長への報告は〝テキストが抜粋してまとめてある〟のでプレゼンソフトのスラ

イドをそのまま提出したいのですが……

教えてください」

Aさんは、①の〝箱の持ち上げ方〟についてはＯＪＴで対応するので安心するように伝え、③の〝事業所長の報告〟はAさんがかつて習った〝習った内容のキーワードを簡単にまとめ、そのことを業務にどのように生かすか〟を記載するなどの方法を伝えました。しかし、②の〝**プレゼンソフトのスライドとテキストの関係**〟は即答できませんでした。一週間悩んだ結果、

「業務で必要になるから持っていってください……」

と回答したもののAさん自身は納得できていませんでした。Aさんの疑問は、

「プレゼンソフトで新商品のプレゼンは評判がいいのに、なぜ講義では混乱を招いたのか?」

⑬の２　講義でのプレゼンソフトの活用

Aさんが腰痛の労働衛生教育を受講したころは、テキストと黒板、口頭で伝えきれないテキストの図や表をＯＨＰやスライドで投影し、テキストの補助教材として用いていました。テキストの重要事項にアンダーラインを引き、その解説やキーワードをノートにメモするなどして知識とし、上司へは何を習ったかを箇条書きにし、その知識を業務にどのように反映させるかについて報告していました。

暑さが一段落した九月下旬に総務課長が、

「係長、来期の新商品見本とカタログが本社から届いたので、職員へのプレゼンの準備をし

てほしい」

「任せて下さい」

カタログ、取扱説明書、自分の考え等をもとに、開発目的、使用方法、カタログを使った営業トーク等々をプレゼンソフトで作成し、配布してプレゼンを行い上々の評判でした。

プレゼン用の資料を作りながらAさんは、

「俺が今作っているのは、新商品を一人でも多くのお客様に活用してもらうことで社会貢献するには、事業所の全員が各々の立場で、各々の役目が果たせるようになるために、知っておく事項のテキストではないか！」

と考えるようになりました。

しかし、腰痛の労働衛生教育にはすでにテキストはあり、悩んだAさんは、⑽&⑾の1教育に求めるもの〟に記載した〝実践のために必要な知識を身に付けること〟を目的として講義を行うこととしました。そのために、**テキストがあるときはテキストを使った講義で、テキストの図、表、写真を解説するときにプレゼンソフトやホワイトボードを使用し、テキストがない時は関係資料を入手して、テキストに相当する資料をプレゼンソフトで作って講義**を行うことにしました。

5　おわりに

労働災害を防止するため、皆さんの職場においても種々の方法で実施されていると思います。発生したヒヤリハットや労働災害の経緯からキーワードを抽出し、この抽出したキーワードを課題として安全確保に取り組んだAさん。こうしてAさんの労働災害防止活動のストーリーが組み立てられました。ストーリーは種々あると思いますが、後輩ができたとき、部下ができたときなどのストーリー化の参考にしていただければ幸いです。

「ご安全に！」

■著者略歴■

山岡 和寿（やまおか・かずとし）

中央労働災害防止協会 安全衛生エキスパート
1954（昭和29）年生まれ。
1976（昭和51）年近畿大学工学部工業化学科卒業。同年中央労働災害防止協会に就職後、作業環境測定士、管理士として安全衛生に携わり、主任技術員、中国四国安全衛生サービスセンター四国支所長、同センター副所長、同所長を務め、2020（令和２）年３月に退職。現在に至る。

心にひびく安全心得
失敗から学ぶ安全 3 後輩・部下を持ったときに読む本

令和５年１月31日　第１版第１刷発行

著　者　山岡　和寿
発行者　平山　剛
発行所　中央労働災害防止協会
東京都港区芝浦 3-17-12　吾妻ビル９階
〒１０８－００２３
電話　販売　０３（３４５２）６４０１
　　　編集　０３（３４５２）６２０９

印刷・製本　㈱丸井工文社
表紙デザイン　デザインコンドウ
イラスト　平松ひろし

ISBN978-4-8059-2091-6　C3060
中災防ホームページ　https://www.jisha.or.jp